JN408726

크리스마스 트리

지성 · 감성의 메타언어
조선문학시인선 · 271

크리스마스 트리

청봉 김 봉 렬 시집

조선문학사

■ 책을 열면서

더 넓게 깊게 닦아보려는 각오로

시집을 낼 수 있게 풍성한 은혜와 기쁨을 주신 하나님께 먼저 감사를 드립니다.

시집 『유몽시절(幼蒙時節)』을 간행

하고 제2집으로 『크리스마스 트리』를 내게 되었습니다.

소박하고 솔직한 삶의 노래를 쓰고자 하였으나 부족한 시어가 많고, 새로운 현대적 감각을 표현하고자 고심하였지만 별로 큰 만족을 얻지 못하는 시가 많았습니다.

인생의 황혼기에 서서 다 내뱉지 못한 마음의 한 구석을 피력하고 서정의 늪에서 빠져 나오고자 노력하였지만 부족한 점이 많아 졸시가 되고 말았습니다.

믿음을 가진 사람으로서 하나님에 대한 찬미, 희구, 참회, 기복, 기도로 찬미하고, 짧은 내 생애에서 사랑, 추억, 슬픔, 한(恨)을 중심으로 심상을 적어 보기로 하였습니다.

시의 길을 더 넓게 깊게 닦아보려는 늦깎이 시인으로 각오를 새롭게 하고 있아오니 아낌 없는 지도와 편달을 주시기 바랍니다.

2006년 독일월드컵 축구전을 중심으로 감독들의 탁월한 전술과 국민의 뜨거운 축구애, 응원열정, 비지땀을 흘리는 선수들의 노고에 두루두루 찬사를 보냅니다.

끝으로 시집을 간행함에 있어 여러모로 따뜻한 배려를 해주신 이상보 문학박사님과 시인이시며 문학평론가이신 박진환 박사님과 시초(詩草)를 가꾸어 주신 어윤순 권사님께 진심으로 감사를 드립니다.

2009년 12월 1일

청봉 김봉렬 삼가 씀

제1부 / 고운 님

제2부 / 공수거

제3부 / 하늘문

제4부 / 붉은 악마

부록

제5부 / 평설

제1부

고운 님

추산천폭(秋山濺瀑)

첫 키스의 추억

움직이는 두 그림자
둥근 달을 쳐다보고

"오늘이 며칠인가요?"
"음력 열나흘입니다."

그리고 둘이는
말을 잇지 못하고
"입술을 깨물고."
"눈으로만 말을 한다."

뜨겁고 달콤한 정이 흐르고
인생의 아름다운 찰나. 첫 키스

눈물과 웃음이 오고 간다.
웃음과 눈물 첫 키스에 담고

첫 사랑 미소

마을 옹달샘
지날 때면
저녁 동자로 바쁜 아낙네들 중에
낯 익은 열아홉 그녀가 보인다.

빨간 입술에
똬리 끈 입에 물고
물동이 꼭지 잡은 손목

적삼도련 올라가
하얀 속살 살짝 보이는데

이마에 흐르는 물방울
손등으로 닦는다.

수줍던 얼굴 붉히고 미소 짓는 첫 사랑
속눈썹 깊이 검은 눈동자 빛난다.

도련님 마음 그녀가 알아주겠지?

정과 사랑

인간은 정 때문에 울고
비극에 빠진다.

정에 노를 저으면
아픔과 괴로움과 슬픔도 있지만

정은 흐뭇하고 아름답고 훈훈한 것

사랑은 아쉬움
첫눈에 꽂혀

사랑은 흐름이고
달빛이고 결국은 인생

삶과 함께 완성된다.

빈 가슴

세월이 흘러 흘러가도
남는 것은 텅빈 가슴
이거리 저거리 헤매 돌지만
남는 것은 빈 가슴만 태운다.

숨가쁜 날 허겁지겁
가슴 뛰고 달려 왔지만
내 몸을 가늠하기 어려운 날에도
헤아릴 수 없는 빈 가슴만 태우리라.

만남과 헤어짐이 아쉽고
우뚝선 가로수는 말이 없다.
불러도 대답 없는 메아리만
귓가에 맴도는 저녁
겨울이 뒷걸음쳐 간다.

아쉽고 허전한 마음
그리움만 앞서는데

저무는 2월 끝날이
올해도 육분의 일이 숨는다.
창 밖에는 수락산이 잠을 청한다.

연분(緣分)

내 한 평생을 더 산다해도
잊을 수 없는 사람

속맘 감출 수 없는
그리움 가슴에 안고

살다보면 그대만이
내 마음의 천사 천생연분

나이드는 것이 미덕이라고 하지만
생각나는 것은 그대의 사랑 뿐

기쁨이 때로는 궂은 일로 변하지만
외로움 달래주는 그대여!

세월은 흘러가도 변함없어
불개청음대아귀(不改靑陰待我歸)

그대 품으로.....

봄의 여심(女心)

실바람이 스며드는 이 가슴에
하얀 젊은 꿈의 숨소리
부끄럼 없이 젖꼭지를 내어 주는 여심
아기 눈물 닦아주는 봄바람

진달래꽃에 핀 추억들
첫사랑 미소처럼 그리운 날
여기가 천국인가?
그곳이 에덴인가?

봄의 여심은 나비등을 타고 오고
방황하며 흔들리는 마음 속
사랑과 아픔과 추억 속에
못다핀 여심이 잠든다.

사랑하는 이여

봄 내음 어린 노오란 산수유
꽃비 내리는 날 저녁에 지고
못다핀 사랑 상처만 남기고 간
사랑하는 이여!

마음의 빈 그릇에
아름다운 꿈을 채워
삶의 향기를 전해준
사랑하는 이여!

스스럼 없이 마음의 문을 열어
달보다 더 밝은 내일의 꿈
그리움만 남기고 간
사랑하는 이여!

그리운 얼굴

눈을 감으면
그대의 해 맑은 얼굴
아련하게 떠올라
한 송이 장미화처럼
가슴에 어려 선하다.

눈을 감으면
그대의 보고픈 얼굴이
아련하게 떠올라
구름속 둥근달 가듯이
가슴에 어려 선하다.

교사의 사랑

어머니를 잃고 고아가 된 소녀
한 식구 인연으로 맞이하고
친자식같이 몇 해를 두고
감싸주고 훈육(訓育)하여
제자의 삶과 꿈을 키워준 선생님!

제자가 성장하여 어른이 되고
혼인성례까지 돌보아 준 선생님!
이제 그 제자가 낳은 아이가 군에 입대
첫 면회를 가는 선생님의 사랑
웃음꽃을 피우는 따뜻한 오찬이 되리라.

스승과 제자 아니 어머니와 딸
사제간의 사랑은 혈연을 넘었다.
손자(군인)가 국가에 봉사하는 영예
신령한 믿음과 선행의 결실이다.

사랑과 봉사에 넘치는 선생님의 독지(篤志)가

사제간의 아름다운 온정으로
이 세상을 밝히는 횃불이 되어
영원한 스승의 귀감(龜鑑)이 되리라.

이슬비

– 어느 슬픈 날에

이슬비야 이슬비야
너는 내 마음 모르리라
거미줄에 매달린 빗방울
빛나는 알몸으로 손짓한다.

이슬비야 이슬비야
너는 내 마음 모르리라.
햇살에 빛나는 빗방울
거품처럼 하얗게 목을 맨다.

이슬비야 이슬비야
너는 내 마음에 아른거리는 별빛
풀잎에 맺힌 빗방울
젖은 가슴 흰 손으로 가려본다.

미소

해당화의 얄팍한 꽃잎이
반만 피어
이슬 머금고
아침 햇살에
영롱하게 미소짓네.

장미의 해맑은 꽃잎이
반만 피어
이슬 머금고
달빛에 영롱하게 미소짓네.

떠날 때는 말 없이

말 없이
내 곁을 떠나간 그대
불러도 대답 없는
그리운 세월
베갯가의 꿈은 사라지고
못잊을 그대의 모습

마음 속
남아 있는 아픈 앙금
방울방울 눈물 되어
그리운 세월
내 가슴에 상처 입은 추억
못 잊을 그대의 사랑

그러나
행복하리라는 꿈은
산산히 부서진
그리운 세월

앨범 속 지나간 얼굴
흐려져 가는구려!

사랑은 멀어져 갔지만
헤아릴 수 없는 날들이
그리운 세월
냉정하게 떠나간 상처는
지금도 아물지 않는다.

애상(哀傷)

돌아누우면 한 이불 속에서 계절이 바뀐다.
방황 끝에 찾아온 봄은 가고
천생연분 각인된 그대 생각에
장밋빛 미소가 싸늘해진다.

이 밤이 새기 전
또 한번 돌아 누우면
조르다 지친 여름 밤의 꿈도
잊혀져 만리장벽을 또 쌓는다.

가슴에 두손 얹고 생각에 잠기면
초겨울 초원에서 눈물짓던 그대
별들이 눈빛으로 나를 부르고
함박눈이 소리없이 나를 몰고 간다.

연가(戀歌)

그리움 싹트는 강물에
잔잔한 파도가 출렁이고

두 가슴에 핀 사랑 노래는
장밋빛 파도되어 넘친다.

눈물로 채워진 두 눈동자
흑진주 알같이 반짝이는데

석양에 붉은 태양은
버들가지에 매달렸다.

그립던 그대 고운 얼굴
동그라미 되어 다가오네

초야(初夜)

첫날밤에
동상례(東床禮)로 곤드레만드레
못 이긴 척 떠나는 친구들
밤은 자정을 넘었다.

신혼밤 봉창을 뚫고
검은 눈동자가 움직여
호롱불 빈 요강에 채우고
병풍으로 창문을 가렸지만

불타는 초야
무척이나 그리워 하다가
마주보는 시간
원앙침에 아름다운 꿈
마음은 은하수를 건너가

스무해 부픈 가슴
뜨거운 마음 나누는 신방의 밀어

빈곳을 채우지 못하고
따뜻한 손을 잡고
그냥 잤다네.

이불

남몰래 찾아드는 고독
날개를 푸드덕거려 본다.

지독한 외로움에 서글픈 몸이
이불을 끌어안고 잠을 청해 보지만

그믐달은 어스레이 넘어가고
잊혀지지 않는 그녀의 모습

고독과 서름한 마음 누가 알리요
묻어버린 이불 속의 숨소리

날개 접은 학

헤어지는 갈림길을 지나
푸른 논밭길 사이로
걸어가는 그대 모습
둥지 찾아가는
날개접은 학 한 마리

흰 브라우스에 검정 스커트
멀리서 바라보는
아름다운 자태
그대는 모르리라
날개 접은 학 한 마리

초 여름 들판에
빛나는 그대 눈동자
세월은 흘러갔지만
젊은 날의 아련한 추억이
나를 달래주는 밤

나룻배

갈 곳이 다른 두 사람
마을 사람들과 강을 건너간다.

이 곳에도 해질 무렵
노을이 내려

빨간 단풍잎 바람에 날려
내 무릎 위에 잠잔다.

여행가방 무릎 위에 놓고
옆자리에 앉은 말없는 소녀

흔들림 속 눈을 감아보지만
마음도 흔들려 어쩔 줄 몰라....

저 언덕에 배가 닿으면
소녀는 어디로 갈까?

제2부

공수거

백담사계곡(白潭寺溪谷)

밤비 · 1

삼복더위
시간과 장소에 따라 다르다.
대지를 확 달구었던 태양열
시원한 한줄기 밤비
베란다 창문을 두들긴다.

가슴을 어루만지는 빗방울
담쟁이덩굴 잎을 달래고
눈물은 내 슬픈 영혼
그리움을 잠재우는 밤비

'톡 톡' 빈 가슴 노크하는 빗방울
처마밑을 적시고 방울지어 동동 떠간다.
흙내음 풀내음 멍든 가슴
씻어 내리는 밤비

밤비 · 2

지루한 장마철
밤비가 유리창을 뒤흔든다.
창밖 홈통에서
낙숫물이 울어댄다.

천지를 뒤흔드는
뇌성 우루루 탕탕
갖가지 예리한 섬광이
무거운 눈꺼풀을 두드린다.

가슴 파고드는 빗소리
가슴 두드리는 우렛소리
밤은 깊어만 간다.

지루한 장마철
밤비가 유리창을 뒤흔든다.
차가운 눈물의 사연
내일을 기다리는데

잃어버린 임의 목소리
아득한 저편에서 울고
잠꼬대는 희미한 웃음으로 변한다.

사방 파고드는 빗소리
가슴에 맺힌 사연이
큰 벽을 허물어뜨린다.

고추잠자리

14층 아파트 창문 밖
말복을 앞두고
때이른 고추잠자리 떼
하늘을 덮었다.

가을의 전령사가 되어
찾아온 고추잠자리
입추의 계절 알고 있었나?

몸길이의 백배 아니 천배
상공을 위 아래 옆으로
꿈을 안고 나는 수많은 헬리콥터

무엇을 찾고 있을까?
잠자리 가슴 어딘가에
사랑이 싹트고 있을까?
시샘하듯 붕 떠간다.

제 몸처럼 새빨간 순정을 태우고
불타는 둥근 겹눈 속에
그리움이 방출되는 향기가

낙숫물

무더운 밤이 깊어간다
머리맡 창너머 낙숫물
들릴락 말락 아득하다.

밖에는 비가 오나보다
멀쩡했던 초저녁 하늘
낙숫물 소리가 들린다.

닫았던 창문이 조금 열리고
시원한 새벽바람이
얼굴을 스쳐 간다.

모두가 잠든 이 한밤에
숨결에 실어 떨어지는
머리맡 창너머 낙숫물

수십길 홈통따라 울고 간다.

잔디에 누워

잔디에 누워
푸른 하늘을 본다.

해는 구름 속에 숨고
누군가가 흰 손수건을
내 얼굴에 덮어 준다.

하늘로 치솟는 내 마음
회오리바람 되어
복받쳐 올라가지만

하늘은 텅빈 곳
광주리에 담은 내 마음
싣고 둥실둥실 떠간다.

잔디에 누워
다시 푸른 하늘을 본다.

비하정사(鼻下政事)

우리네 안방
어디를 가든지
이발소에 걸린 그림같은 그림
한폭쯤은 걸려있다.

시(詩)는 넘치는데
시인은 간데 없고

갤러리는 넘치는데
소장하는 사람은 드물다.

우리네 사는 세상
비하장사(鼻下政事)에 더 바쁜 세상

학문도 예술도 뒷전으로
돌리는 안타까운 세태

낙향길

"해방이다"
"대한민국 만세"
직장은 임시 휴교상태

보리밭이랑을 고르다가
쇠스랑을 던져버리고
고모부와 같이
무작정 서울행 밤차를 탔다.

더 넓은 세상 더 큰 희망을 품고
정처없이 상경을 결심했다
해방의 감격을 가슴에 안고

해방된 기쁨 큰 꿈이
내게 오고 있지 않은가?
객실은 초만원 몸둘 곳이 없다.
기관차와 객차 사이 공간
여기도 초만원 간신히 몸을 의지했다.

얼굴과 의복은 화통 연기에 그을리고
눈과 이가 반짝일 뿐
마치 인디언처럼

터널을 지날 때
손수건으로 코와 입을 막지 않으면
견딜 수가 없었다.

장성역에서 11시간 30분만에
서울역 승강장을 밟았다.
역전 천막식당에서 5원짜리
아침식사를 마치고 일터를 찾았다.

인력시장은 구직자들로 가득
계절은 어김없이 바뀌고
쏟아지는 흰눈을 불며 그리기에 열중
아르바이트생으로 극장 간판을 그렸다.

어느날 내 등 뒤에 나도 모르게
아버지가 오셔서 계셨다.
“직장에서 기다리시니”
“무조건 하경하자”
아버지의 권유를 뿌리칠 수 없었다.

코 꿴 송아지처럼
아버지에게 이끌리어
원대한 꿈을 접고
낙향길을 밟고 말았다.
1945년 겨울

노을

저녁 해가
화금빛 연기를 내뿜어
온통 하늘을 붉은 빛으로
바꿔놓았다.

하늘은 찬사들이 오고 가는 길
저다지도 아름답게
주홍빛 구름 나라를
가꿔 놓았을까?

멀리 관악산 봉우리가
아련하게 지평선을 가르고
구름바다는 한폭의 동양화
고개를 들어 노을을 바라본다.

해가 지면
노을도 옷을 갈아입겠지
신기루처럼 일구어 낸 노을마다

꿈을 싣고 떠나는
돛단 배도 사라지겠지…

젊은 날은 가고 타는 석양 붉게 물든 언덕 위
다정하게 서있는 두 그림자
어둠 속으로 사라져 간다.

늦가을

가을은 남자의 계절
여자가 울고 싶은 계절
누군가 붙잡고 말을 건네고 싶다.

혼자 어슬렁거리고 싶은 계절
낙엽을 밟고 끝없이 가고픈 계절
석류알 같이 맑은 순정 건네고 싶다.

자운영(紫雲英)

문전옥답 자운영 향기
흰나비 노랑나비 땡벌이 운다.

닷마지기 자운영 꽃밭에서
친구들과 뒹굴던 어린 시절

아버지의 호된 꾸중에
울다가 바지에 오줌이 젖어....

보라 꽃향기를 풍기는 자운영
자운영나물 생생한 그 맛

새록새록 새로워지는 추억
가슴에 조각구름 안아본다.

다시 찾은 문전옥답 밟아보니
고달픈 나그네 설움 사라진다.

임자 없는 무덤

당산등 외로운 소나무 그늘 아래
봉분이 납작하게 보이는 무덤 하나

한 많은 세월 외로운 발길조차 끊기고
세상 만사 허무타 조용히 잠들고 있는 넋이여!

자손들은 흩어진지 반 백년
의지할 곳 없는 나그네

긴 여로에 나그네는 백발이 성성
죽지 못해 세월을 탓하랴!

그저 허리 굽혀 절하고 있다
무정하게 흘러간 세월을 탓하면서

초한(峭寒)에 식객처럼 찾아오시는 길손
알고 보니 나그네는 집안 무안대부(大夫)였다.

인생은 반전(反轉)

품고 다듬고 갈고 닦은 꿈
반전과 동의어이다.

사람은 태어남과 동시에
소박하든 거창하든
꿈을 꾼다.

꿈에 도달하기 위해
수많은 난관을 통과하게 된다.
이것이 반전의 기회다
준비가 있어야 한다.

내 행동을 지배하고
결정짓는 것은 바로 나다.

나만이 태도를 바꿀 수 있다.
내가 어떻게 살아갈 것인지
나 자신만이 결정짓는 것이다.

산나물

해는 길어지고
궁절(窮節)이 달려온다.
싸리꽃 피는 보릿고개
사대가 머무는 대가족
쌀독이 원망스러워

물항아리 밑까지
뒤지던 일제 말기
공출(供出)로 빼앗긴 부족한 양곡
산나물로 채워보려고
태청산에 오른다.

들쑥 곰취 참취 추리취 등
동산만한 보퉁이 머리에 이시고
끊어질 듯한 배고픈 허리
달래시며 돌아오신 어머니!
냉수로 허기를 달래셨다.

철없던 시절
어머니 가슴 더듬듯이
이고 오신 보퉁이 속 뒤져
큰산 선물 찾아보는 재미
찔래 새눈 삐비 등…

쑥내음 가득한 밥
독특한 맛이 나는 산채
지금도 그 산채맛 못잊어
굶주리던 통한(痛恨)의 세월
산채나물 속에 어머니의 사랑이…

* 태청산 : 장성군 삼계면 신기리에 있는 산.

낙엽

빛바랜 초가집 들창 아래
달빛이 쏟아지는데

바람에 휘날리는 마른 낙엽
간헐(間歇)적으로 창문을 두드린다.

밤이 이슥하도록 책을 읽다가
어머니의 발자국 소리 듣는다.

가물거리는 호롱불 아래서
코끝이 맵고 지근지근하다.

"밤이 길어간다 그만 자거라"
따뜻한 어머니의 다정한 목소리

낙엽도 어머니와 같이
"그만 자라고 창문을 두드리나?"

인생

늙는다는 것 누구도 막을 수 없다
순간의 느낌은
어린이인 양 착각을 일으킨다.

감정까지 늙어버리는 것은 아니겠지
마음까지 늙어버리면 그것은 인생의 끝

수명을 다해 죽어가는
죽음을 연상하면서
건강을 과시해 보는 뜻은 무엇일까?

한없이 달려가는 긍정과 부정의 몸짓*
이 늙지 않은 마음의 착각인 줄 믿어야지

현실에 만족을 주는 것은 극히 드물고
내 스스로 내 즐거움을
찾는 것이 낙(樂)이다.

* 오진명 시인의 서한에서.

공수거(空手去)

막강한 권력과 영화
세계를 재패한 마케도니아 대왕
알렉산더는 임종시 유훈을 남겼다

명예(名譽) 재화(財貨) 영화(榮華)
그 어떤 것도 가져갈 수 없다고
"백성들에게 이를 깨우치게 하라"

내 관 양쪽에 두 개의 구멍을 뚫어
내 손을 밖으로 내놓아
로마시가지를 돌라고......

"빈 손으로 왔다가 빈 손으로 간다"는 깨달음
생의 마감시간은 엄숙하였다.

침상

돌침대 두 사람의 보금자리
나도 모르게 뒤척이며 돌아누우면
숨소리도 마음도 저만큼 멀어지고
둥근 달과 같이 보이던 얼굴이
깊은밤 초롱불 되어 깜박거린다.

오늘도 삶은 고달프고
마음 다하여 사랑한다고 하지만
돌아 눕는 침상은 정이 멀어져 가고
숨소리마저 잠든 그대의 숨결
사랑은 저만치 멀어져가네

나도 모르게 서로가 돌아 누우면
사랑도 천리 마음도 천리
수십길 장벽을 쌓고 또 쌓아
수십리 머나먼 길로 변해가
지척이 천리 멀어져가네.

겨울산행

추억의 저편에서 무지개 꿈은 다가와
정이 그리운 사람들 서로를 부르고
오늘도 그들은 반겨 끌어 안는다.

오르내리는 발길 따라 웃음이 가득
여기가 정상! 흰눈이 쌓였는데
신문지 깔고 앉은 우리 꿀맛 같은 도시락

손시려 발시려 궁둥이가 차가워
지나온 세월 서로 달라도
만나면 웃음꽃 피어 마음문이 열린다.

흰눈 덮인 겨울 산행 마음까지 희어
발아래 APT촌 긴 그림자 바뀌지만
손잡고 가는 길 화끈하게 땀이 젖는다.

인생은 일터

전생과 내세
사후의 생
죽음은 도처에서 우리를 기다린다.

내 삶을 노크하는 죽음
싫어도 혼자 떠나야 하는
인생의 검은 손

공수거(空手去)는 의미가 없다.
무엇인가 남기고 가야지
보람있는 우리의 삶을

엄숙한 창조의 무대
인생은 일터이고
자기표현의 무대이다.

자유

누가 자유를 누리고자 하는가?
무엇에 관한 자유인가?
선의 자유 악의 자유
선의 의지가 뒤따라야 한다.
강제성이 없는 삶의 상태가 자유다.

행복은 자유에서 오고
자유는 용기에서 온다고 한다.
이 세상에 많은 종교가 있지만
자유와 사랑 위에
궁극적인 목표는 마음의 자유다.

삶은 자유를 추궁하고
자유를 향유(享有) 하는 것
인간이 인간답게 사는 것
책임과 질서, 용기가 있어야
자유를 수호할 수 있다.

가을

돌담을 끼고 도는 개울가
빨래터에 아가씨들 손 끝이 시린 날
늦가을 햇살이 싱그럽다.
앙상한 해묵은 감나무 가지에
하나 둘 매달린 까치밥 동시리감

수수밭 이삭들 속삭이는 이랑에
들쥐들이 꼬리를 물고 어슬렁거리고
궂은 비가 내리는 이 저녁
흩날리는 빗방울 눈시울을 적신다.

그 언덕 위에서 수줍어 말도 못하다.
눈으로만 말했던 지난 날들
별을 헤아리다 어둠의 장막에 밀려
소슬바람에 살짝이만 나부낀 가을.

봄날

어디론가 가고 싶은 마음
부여잡고 떠나고 싶다.
봄날은 화려한 전설처럼
따뜻한 봄날은 이렇게
정을 싣고 다가온다.

누구의 손짓인가?
마력(魔力) 지닌 요정의 손인가?
내 가슴 더듬는 봄바람 되어
말없이 이렇게
내 맘을 흔들고 간다.

진달래 능선 해마다
타고가는 발길도 가볍게
연분홍 진달래야!
올 봄도 너는 이렇게 피었느냐?
4월의 능선은 향기롭다.

봄이면 나를 이렇게
어김없이 반겨주는 꽃
북한산 능선에 핀 진달래야!
나만의 꽃은 아니겠지
모두의 마음 달래주는 꽃.

수국

승선교에서 강서루를 바라보고
선당 선암사 경내에 들어서니

뜨락에 활짝 핀
보라색 수국이
소담하게 나를 맞는다

저승길을 연상하듯
고요하고 순결하게
말 없이 피어있다.

꽃송이마다
달빛이 내려앉아
사랑으로 감싸준다.

어루만지는 부처님의
사랑의 손길이 스쳐가
울다가 웃음 짓는다.

산

어머니의 품속 같이
포근하고 아늑한 산
높은산 골짜기
낮은 언덕 푸른 숲
너는 가슴으로
우리를 맞는다.

백로 한 쌍이 한가로이
너울너울 날아간다.
노송은 쉬어가라고
손짓하지만
백로는 말이 없네

운해가 깔린 저 산허리
골짜기에 흐르는 물은
쉬지 않고 조잘댄다.
산에 안기면
분노 슬픔 미운 마음도 사라지고
모든 것을 배우게 된다

무소부재(無所不在)

폭풍과 설화는 지나고
따뜻한 봄이 와
꽃피는 길목에서
주님은 나를 부르신다.

수줍어 말 못하고
그대가 울던 그 저녁
사랑의 길목에서
주님은 나를 기다리신다.

들국화 만발한 오솔길에
첫사랑 데이트
추억의 길목에서
주님은 나를 부르신다.

험한 골짜기
마귀들이 덮쳐오는
절망의 길목에서

주님은 나를 부르신다.

슬픈 일 억울한 일
사지(死地)를 헤매 도는
지옥의 길목에서
주님은 나를 부르신다.

생사화복(生死禍福) 만복의 근원
주님이 주관 하시는 일
영광의 주님을 높이 찬양하자
주님은 그 곳에 계신다.

* 無所不知 : 다 알고 계신다.
* 無所不能 : 무엇이든지 다 할 수 있다.
* 無所不爲 : 못할 일이 없다.
* 無所不在 : 어느 곳이나 다 계신다.

나그네

산골짝
반만 보이는 초가집
해는 저물고
밤나무 언덕 길에
가랑잎이 휘날린다.

무심코 흐르는 개울가
이따금씩 떨어지는 알밤소리
발걸음을 재촉하는 석양(夕陽) 나그네
마을 어귀 섭다리를
건너간다.

하늬바람 세차게 불어
나그네는 옷깃을 여미는데
"오늘은 어느곳에서 쉬어갈까"
기나긴 한숨 소리.

회오리바람

청대밭에 회오리바람 분다.
영감 상투를 틀어 올리듯
휘감아 올라간다
허공에 동그라미 그리는 대나무 붓

강물에 회오리바람이 분다.
강물이 빙빙 돌아 바람에 날리면
강물에 갈지(之)자를 쓰는 능수 버들 붓

"낸들 어쩌라구?"

대나무와 버들가지는
회오리바람 불어오면 낙서를 한다.
바람이 부는대로 몸을 흔들어대며

대숲 바람 능수버들 바람
바람은 내 맘을 안고
내 가슴에 머무는 고요함을
흔들어 놓는 요술쟁이.

사향(思鄕)

구름도 쉬어가는
머나먼 내 고향 장성
타향살이 반 백년
그래도 마음은 젊어지고
너무도 늙어버린 이 몸

복풍한설 하늘가에
저만치 보이는 듯 하지만
모두 떠나버린 고향 마을
빈 우렁껍데기.

그렇지만 나도 몰래
그리운 정이 남아
고향을 불러본다.

고달픈 인생길 엎치락 뒤치락
잠 못들고
몇 번을 돌아눕는가?

별

서서히 낮은 밤으로 이어지고
모닥불 연기 부채로 멀리한다.

멍석에 누워 밤 별을 본다
쏟아지는 별빛 속

은하의 별무리 속으로
별똥별이 울고간다.

별 하나 별 둘 별 셋
내 별은 어느 것

흙내음 풀내음 뒤섞인
모닥불 내음

그 시절 머나먼 내 고향
오순도순 단란(團欒)한 우리
평상(平床)보다 멍석 위의 여름밤이
더 정겹게 내게로 온다.

말의 폭력

A. "말총으로 콩 엮는 소리"하고 있네
B. "번갯불에 콩 볶아 먹지" 그래.......
C. "말총으로 방주 엮는 소리"들 그만둬

듣기 좋은 말은 행복을 낳는다고 했지만
말은 소름이 끼치는 폭력의 무기가 되기도 한다.

A. "○○○보다 더 ○○놈"
B. "○○○같은 자식" "자존심이 확 꺾이네"
C. "말치레나 괜한 말추렴은 그만둬"

상대방의 마음에 깊은 상처를 내어
피가 용솟음쳐 주먹다짐으로 변한다.
평생에 못잊을 공해로 남는다.

여름날

한줄기 시원한 소낙비
뙤약볕에 보리멍석 식히고
하루 해가 뉘엿 뉘엿
서산에 걸린다.

무지개는 저녁 연기와 같이
발자국 산마루를 밟고
깜짝 쇼를 펼치며
하늘은 다홍빛으로 물든다.

새들도 제각기 꿈을 찾아가고
바쁜 저녁 동자의 손길이
이마에 흐르는 땀을 씻을 때
하늬바람이 콧등을 어루만진다.

만해와 백담사 계곡

험준한 산세
깊은 골짜기
기암괴석 사이로
굽이굽이 흐르는 맑은 물
쏟아지는 폭포, 소(沼)를 이루고
물안개가 피어올라
계곡을 덮는다.

오세암에서 나와
고뇌와 방황 끝에
백담사로 들어가
불승이 된 한용운
계곡의 비경에 감탄하였으리라
입사(入寺) 득도식(得度式)을
올린 뒤 수계(受戒)
받은 법호가 용운(龍雲)이다.

노송이 허리 굽혀

손을 내밀어 흔들고
굽어다 보이는 계곡물은
갈길을 재촉하는데
용트림하듯 산재한 흰 괴석들!
맑은 물은 숨바꼭질 하듯 달린다.
한길 낭떠러지 밑에서

* 득도식 : 불교를 믿어 부처의 계도를 얻는 식.
* 수계 : 중이 계를 받음.

가을밤

향긋한 가을바람에
그윽한 국화향기 실려오고

그리운 마음 둘 곳 없어
기다림에 지쳐버린 삶

비비적거리는 수수이삭 사이로
바람은 창문을 두드리고

높새바람 타고 온 기러기도
소리내어 내 가슴을 두드린다.

베레모

빛 바랜 베레모
내 흰 서리를 감추는 베레모
계절따라 곤색, 흰색, 갈색으로 바뀌고
때로는 구겨서 호주머니에 넣기도 한다.

베레모를 쓰고 나들이를 한다
고바우 만화가가 생각나는 모자다.
베레모는 문인의 신분이 되기도 하고
어색하지 않고 참 편리한 모자다.

베레모는 누가 처음 썼을까?
영국의 어느 산골 농부가
숯가마 일을 하면서 처음 썼다고 한다?
여러나라 군인들이 이 모자를 쓰고 있다.

시간과 장소를 가리지 않고
눌러쓰면 멋이 있어 보인다.
꼭지 베레모는 평생 나와 동반자
대접받는 베레모인 셈이다.

제3부

하늘문

동산유폭(動山流瀑)

나의 기도문 · 1

전능하시고 영원하신 하나님!
우리로 하여금 주님의 제자가 되어서
당신의 발자국을 따르게 하옵소서

우리의 심령을 은총으로 채워주시고
사랑과 기쁨과 평안으로 채워주옵소서

우리로 하여금 마음과 뜻과 정성을 다하여
당신의 얼굴을 찾게 하옵소서

거룩한 사랑으로 우리를 감싸주시고
당신의 지혜와 보화를 우리에게 열어주옵소서

우리에게 순결한 마음을 주시고
당신을 섬기는 완전한 자유를 발견케 하옵소서

예수 그리스도의 이름으로 기도하옵나이다 아멘.

* 「기도」 정용철 정용섭 엮음 참조.

나의 기도문 · 2

전능하시고 영원하신 하나님!

저희들의 욕망과 의심과 공포와 염려와
불만족을 극복하고 성령충만한 믿음을
허락해 주시옵소서

근심과 걱정으로 가득한 심령을
기쁨과 평화가 넘치는 영감으로
충만한 사람(성도)이 되게 하옵소서

하나님의 풍성하신 사랑과
주님의 막대하신 은총과
성령님의 도우심으로 승리와 영광, 평안과 행복이
넘치는 역사가 이루어지게 하옵소서

하나님을 믿는 우리에게 영생과 부활이 있음을
다시 한번 기억하는 시간이 되게 하옵소서

생명이 있는 날 동안 하나님을 부지런히 섬기고
믿음과 선행의 아름다운 형적(形迹)을
남기게 하옵소서

예수 그리스도의 이름으로 기도하옵나이다 아멘.

* 「어떻게 기도할까」 서동운 지음 참조.

크리스마스 트리

천국의 문을 두드리던 날 저녁
내 손을 놓고 힘 없이 떠나간 그대
반짝이는 불빛이 어둠을 밝혀
바라만 보아도 즐거운 이브의 트리

그대 모습이 하얗게 떠올라
웃음으로 다가왔을 때
주님의 사랑과 은총, 용서가
내 가슴에 한없이 머물러 갇힌다.

두 가슴 사이로 녹아내린 숨결
추억으로만 나를 찾아오고
백년의 꿈은 꺾이어 사라져
상처는 아직도 아물지 않는다.

서른 여덟 해 불 밝힌 이브의 트리
세월은 화살 같이 흘러 갔어도
섣달 열 하룻날이 지나면

나만의 마음의 등불을 거둔다.

해마다 꾸미는 크리스마스 트리
내 마음에 뿌리 깊은 나무로
지금도 씩씩하게 자라고 있다네
꿈속에서라도 이 불빛을 바라보구려

인간의 복

복이란 하늘에서 떨어지는
원인 불명의 것이 아니다
복이란 지어 만드는 것이지
주어 담는 것이 아니다.

심은 나무에서 따게 되는 과일
바로 복임을 아는 자만이 복을 받을 수 있는 것
인과응보의 법칙이다.

복을 지을 수 있는 능력을 알고
실천하는 자는 복 받게 된다.
복은 사람이 신으로부터 받는 것이다.
편안하고 만족한 상태

기쁨과 좋은 운수 복조(福祚)
행복의 조건 종교에 따라 표현이 다르지만
하나님이 믿는 자에게 내리시는
기복(祈福) 축복(祝福) 기도가 있다.

삶의 열쇠

모든 것이 때가 있다
그 때는 하나님 안에 있다.

인간은 그 때를 감지하며
일해야 한다.

인간은 하나님의 때를
거역하거나 원망할 수 없다.

오직 거기에 자신을 맞추어
살아가야 한다.

헛되다

다윗의 아들 솔로몬은
"헛되고 헛되며 헛되고 헛되니
모든 것이 헛되다" 라고 다섯 번을 말했다

우리의 모든 일은
하나님의 섭리 속에서 이루어진다

하나님의 계획은 우리의 눈에
발견되지 않는다.

삶이 무의미한 것 같이 보이나
그렇지 않다.

삶은 하나님을 떠나서는
아무 의미가 없다.

하나님 안에서 새롭게 발견된
삶이 의미가 있는 것이다.

하나님을 경외하고
그 명령을 따르는 것이

참생명의 삶이며
진리의 길을 밟는 것이다.

천국의 문

마음의 화평을 얻으면
그것이 천당이요

마음의 화평이 깨지는 날
그것은 지옥 문이 열리는 날

갈등과 불화를 깨고
이 날의 즐거움을 찾자

천국이 있느냐 없느냐?
지옥이 있느냐 없느냐?

천국에 가느냐 못가느냐?가
문제인 것이다.

지옥 가는 길은 쉽고
천국의 문을 여는 것은 어렵다
천국의 문은 너무나 좁기 때문이다.

눈물 없이 천국은
못 들어간다고 했지만

"냉수 한 그릇에도 상을 잃지 않는다"
주님의 말씀

주님을 믿고 따르며
믿음과 선행으로
천국의 문을 활짝 열자.

* 박용구 목사의 말씀 참조.

기도하는 마음

잘난 체 하지 말고
삼가는 마음으로

거짓 없이 있는 그대로
온갖 성의 다하여

바른 마음
곧은 마음

성령충만으로
나 자신으로 돌아가자.

가슴으로 기도하자
간절한 염원

성냄과 욕심버리고
겉치레의 옷을 벗자

참된 마음
응답 받고

성령충만
나 자신으로 돌아가자.

생명의 말씀

나는 길이요
진리요
생명이다

우리의 갈길 비춰 주시고
진리의 말씀 주시고
생명의 빛이 되셨다.

생명의 말씀 바이블은
지상 최고의 말씀
인류 최대의 문장

구절구절 진리요 명구(名句)이지만
그 중 제일은 로마서*이다
영원의 별 주님의 말씀

생명의 말씀은
빛이요 용기를 주시는 진리

새로움을 주시는 활력소

믿음은 주체적인 진리
하나님을 위해서 살고
하나님을 위해서 죽을 수 있는 진리

믿음의 밭을 갈자
새 생명의 말씀으로
힘과 신념을 얻어 살아가자.

* 옥한음 목사님 주장.

하늘문

– ‘란’의 죽음을 슬퍼하면서

일편단심
하나님을 사랑한 너
순진하고 천진한 너

어찌하여
늙은 애비 남겨두고
훌쩍 가버리느냐?
-95,-6,-29,-17-54분

슬프고 슬프다
주님께 나를 인도하고
떠나버린 너
천국의 너의 넋을 달랜다

네가 펼쳐 놓은 문방사우
아까까지 방금 있었구나
갈아놓은 먹물 마르지 않고
화선지의 밑그림 생생하였다.

애비가 감당하기 힘든
종천(終天)의 슬픔이여!
가슴에 묻는다는 죽음
꿈을 이루지 못한 너

영별(永別) 승천(昇天)한 너!
너에게 다해주지 못한 애비
용서하여라

거리에서 비슷한 너의 모습
믿고 놀라고
눈을 감으면
지금도 너의 웃는 모습 떠올라

오 주님!
하늘문을 여시고
하늘나라 백성인
'란'을 반가이 맞아주소서.

하늘왕 공주되어
못다한 꿈을 이루게 붙잡아 주소서
주님의 안식처에 영민하게 하소서.

은혜의 금식

3일 금식하고 밥 없이 못살 것 같고
10일 금식하고 물 없이 못살 것 같고
20일 금식하고 공기 없이 못살 것 같이 느꼈다
30일 금식하고 하나님의 은혜 없이 살 수 없다는 것을 느꼈다

마틴 루터는 건강에 해로울만큼 매주 금식하고
능력을 받아 종교 개혁에 승리하였다

금식기도 하는 성도는 진정한 승리를
체험할 수 있다

금식도 하나님이 주신 은혜

* 「예수님의 일생과 교훈 예화」에서. 김덕연 저.

겟세마네 동산

“자신의 어두움에 불을 밝혀
세상을 보지 못하는 것을
볼 수 있는 또 하나의 눈을 갖는
일임을 깨닫는 일이다“

이는 겟세마네 동산에서
주님이 주신 최후의 생명의 말씀!
아픔과 고통을 아시고 베푸신 말씀!
사랑과 은혜가 풍성하신 말씀!

공수는 인생의 수치
세상을 지혜롭게 살며
마음의 텅빈 그릇에 확실하게
아름답고 고귀한 것을 채우자

생명의 보람을 남겨 놓자
존재의 자취를 남겨 두자
우리가 의지하고 높이 섬기실 분은

자신의 운명을 '쓴 잔'이라고 하신

우리를 사랑하신 주님이시다.

* 겟세마네 동산 : 예루살렘 동쪽 감람산의 서쪽 기슭에 있는 동산. 예수님이 처형당하기 전날 최후기도를 드리고 잡혀가신 곳.

기도

성령의 기적
오늘도 가능하다
믿는 것이 믿음이다

하나님의 말씀
그대로 믿는 것

공로와 중보(仲保)
은혜를 믿는 것

하나님 안에
능치 못함이 없다

기억나는 죄
기도로 회개하고

하나님의 뜻
신령한 동기
인내하며 간구하자.

영생의 삶

보이는 것은 다 지나간다
보이는 것은 다 변해간다
보이는 것은 다 잠시간(暫時間)이다
이 세상에는 보이지 않는 것이 있다.

보이지 않는 곳에 몰입하면은
영혼에 초점을 맞추게 된다
영혼에 초점을 맞추어 육을 살펴보면
내세에 초점을 맞추어 살게 된다.

보이지 않는 곳에 초점을 맞추자
이것이 믿는 자의 삶이다
하나님은 은밀한 곳에서 우리를 보신다
보이는 세계보다 은밀한 영생의 삶을!

K권사

별
애인(연인)
누이
누나
장난꾸러기
천사
사랑

주치의
감병원
요리사
잔소리꾼
외무사원
회계사
자선가
전도사

은혜

깨닫는 것이 은혜
말씀이 우리 마음에
부딪혀서 깨달음이 되고

겨자씨만한 믿음이라도
생기면 그것은 은혜
그 믿음이 자라서
머리 믿음이 되고

머리 믿음이 자라면
가슴(마음)의 믿음이 되며
가슴 믿음이 자라면
뱃심의 믿음이 된다.

말씀 속에 들어가면
하나님의 영이 임하신다
하나된 마음 섬기는 마음으로
나를 뒤돌아보자.

* 생명의 말씀 중에서.

자연을 사랑하신 주님

불길 같은 상상력을 가지시고
자연을 사랑하시고
자연을 즐기시고
시인적인 자질이 풍부하신 주님!

'인간보다 자연을 좋아하신 것은
자연을 사랑하셨기 때문이다'
요단강 저편에서
요한이 처음 세례를 주시던 곳
그 자연 속에서 거하신 주님!

한적한 곳을 찾아
휴식을 취하시며 자연 속에서
영감을 얻으시고
무리와 작별하신 후에도
기도하시려 자연으로 가신 주님!

자연 속에서 예술적 체험을 통해

추상적이고 정신적인 진리를
구체적으로 묘사하시어
어리석은 자들에게
그것을 깨우쳐주신 주님!

자신의 운명을 '쓴 잔'이라고 하신 주님!
주님이 죽으심으로
우리는 영생을 얻었고

주님이 무덤에 내려가심으로
우리는 부활을 얻었다.

우리 주님의 은혜는
측량할 길이 없다.

* 기독교수첩 제15집 평론. 「예술의 문학」 강석호 저 참조.

눈망울

첫서리 내리던
68년의 가을날
겨드랑이에 내 팔을 꼭 낀 채
아버지!
"오늘은 교회에 가십시다"하고
재촉하던 너

애비를 두고 저 멀리 가버린 너
가슴치고 통곡해도 시원치 않은 이 아픔

오냐! 너희들만이라도
"훌륭하게 자라다오"하고
이 맘을 달래보는 날

남겨진 아이들 눈망울 초롱초롱
"자식은 죽으면 가슴에 묻는다"고
외할애비 마음은 착잡하며
감출길 없어......

제4부

붉은 악마

만산홍엽(萬山紅葉)

응원의 밤

2006년 월드컵의 밤
붉은 악마 12번째 전사

응원의 밤은 응원문화의 밤으로
야광응원으로 탈바꿈했다.

야광모자 야광안경
야광봉 도깨비뿔

야광뱃지 LED(발광다이오드)
발광귀거리 야광반지

파이팅 코리아 젊은 개성의 밤
하얀 밤을 새우는 응원전사

응원의 밤은
찬란한 불꽃놀이처럼
변해간다.

붉은 악마

필승 코리아의 함성
일시에 온세계를 적셨다

악마는 선의 대적자
추악 퇴폐 전율 공포에 맞서
근대 정신의 발현에서 연유해

비리 부조리 타락 등의
추악상을 버리고
정정당당하게 승패를 겨루는
스포츠맨십을 선택한 정신

붉은 악마여! 붉은 악마여!
나의 사랑 붉은 악마여
한반도의 붉은 악마
세계의 지구촌으로 날아간다

함께 웃고 울고 춤추며

대~한민국 하나된 붉은 물결
5천만의 붉은 함성
지축을 흔들었다.

머리에서 발끝까지
형형색색의 가장(假葬)
발광 소도구의 화려한 빛
붉은 악마의 물결 그리고 숨결.

참피언 '너와 나'

우리 함께 외치며
와글와글 춤추며 승리를 다짐

관중석을 뒤덮은
붉은 악마의 물결, 숨결
남녀노소의 구별없이
함께 어울리고 외친다.

대~한민국 대~한민국
잔잔한 파도처럼 출렁이는
꼭지점댄스 영광과 환호의 물결

독일 라일강을 덮는 신성한 함성
대~한민국 승리하리라
18회 독일 월드컵에 간다.

힘을 내자 대한민국
그대와 나 챔피언

너와 나의 챔피언
우리 함께 외치며 승리하리라

축구장 함성은 '신'이 내린 복음
파도처럼 부서지는 붉은 악마들의 외침
대~한민국 대~한민국
세계의 하늘로 울려퍼진다.

* 박진환 시집 『붉은 악마』 참조.

딕 아보카드

2006년 월드컵
태극전사들의 감독
히딩크에 이어 두 번째 찾은 명장

그는 태극전사를 이끌고
알프스정복에 나섰다
나폴레옹 장군을 닮은 인상
카리스마가 넘쳐 흐른다.

신화 창조의 첫걸음
체력을 위해 스파르타
기술연마를 위해 스파르타
선수들과 비지땀을 흘렸다.

못하는 선수에게 기회를 주고
잘하는 선수에게 채찍을 주었다
선수들이 감독을 믿게 만들고
"믿으면 해낼 수 있다"는

자신감을 심어주었다.

'다윗과 골리앗'의 싸움 G조
FIFA랭킹 29위대 8위
조직력은 스위스
임기응변은 한국이 한수 위
"압박을 잘하면 모두 꺾을 수 있다"고...

축구의 마술사 히딩크

2002 월드컵
너와 나 우리가 되어
하나로 뭉친 월드컵

16강에서 8강으로
8강에서 4강으로
우리가 3단계로 껑충
도약한 월드컵을 만든 명장

한치의 오차도 허용할 수 없어
강력한 체력훈련
치밀한 전략과 전술을 폈다.

이름 보다는 실력 위주로 선수 선발
선수들의 특성을 파악
강력한 카리스마로
탁월한 용병술을 갖고 있다.

그는 고도의 심리전의 대가
“말 한마디도 치밀한 전략”이라고 했다
그는 국민 앞에 겸손한 노신사

몸싸움으로 제공권을 장악
선수들에게 신과 같은 존재
명장은 국민과의 약속을 지켰다.

4빽에서 3빽으로
절묘한 선수교체
아드보 제2의 매력

토고전에서 후반 김진규를 빼고
안정환 투입
절묘한 슛으로 골인
2:1로 역전승을 만들었다.

그는 국민과의 약속을 지켰다.

한국 VS 프랑스전

G로 2차전 04시 라이프치히
6.19일 유럽 강호 프랑스와의 대진

한국 축구의 심장 박지성
프랑스와의 경기에서
안정환이 설기현에게 조재진이 박지성에게
후반 36분 천금같은 동점골을 터트렸다
박지성은 프랑스를 기절시켰다

송곳 패스 드리블의 명수 지단도 맥을 못추고
위기에 빛난 마당쇠의 절묘한 클로스로 설기현
공중전에 능란한 신황세
극적인 해딩 도움의 조재진

설기현의 클로스를 받아 해딩으로
어시스트로 박지성에게 연결되었다
이운재의 선방 몸을 던져 막아냈다.

한국팀의 선전 아시아의 강호라는 것을 증명했다.

한국 VS 스위스전

붉은 악마 VS 붉은 물결
하노바 경기장은 인산인해
꽹과리와 징 한국 고유 악기 대
전통악기를 동원 조직력으로 맞섰다.

오 필승 코리아! 오 필승 코리아!
대~한민국 대~한민국
하노바 경기장은 결정의 장이 되었다.

시청 앞과 서울광장
가득 채운 붉은 악마
우리는 하나다
가득채운 악마
대~한민국! 밤새 하나가 되었다.

"꿈이 이루어진다"고
비가 내려도 졸음이 밀려와도
우리의 거리를 지키는 붉은 악마

기억하라 우리의 힘!
산소탱크 공격 미드필더 박지성
마당발 수퍼 미드필더 포겔
막느냐? 먹히느냐?

드디어 경기는 시작되고
오! 승리의 여신은 누구의 편일까?
후반전 부심의 노랑기가 올라갔지만(업사이드)
오리시오 앨리손도 주심
이를 무시하고 경기는 이어졌다.

한국 16강 진출 민족적 욕망
방해하는 오심 돌부리 스켄들
0대2패

24일 한국 VS 스위스 전
19명 태극전사 뒤 168만명의 응원
열전 투혼 환희가 어울러졌지만....

우리 태극전사들은 울고
딕 아보카드 감독도 눈물을 흘리고
전국 103개소 100여만명의 붉은 악마
거리의 응원도 울고 온 국민도 울었다.

나도 울었다.

계월향(桂月香)

계월향(桂月香)! 임란 때 의기(義妓)
평양성의 분투 보통문 들성 하나로
안은 왜(倭)나라 밖은 조선(朝鮮)
월향의 애국심은 조선 조국을 향해 있었다.

평양성을 점령한 조선의 원수
소서행장(少西行長)의 부하 장수는
평양의 미기(美妓)를 잡아다가 음란을 자행
월향의 관능 미기에 빠져 있었다.

"악마의 소굴 어떻게 벗어날까?"
훈도시만 차고 사무라이 본성을 내는 적장에게
친오빠가 보고 싶다고 애원하니
입성토록 그 뜻을 받아들인 적장

오빠는 평소 친절하게 지내던 장군 임응서!
오빠라고 사칭 성안으로 들어와 적장과 대좌

"악명 높은 자가 바로 네 놈이냐?"
"너는 내 단칼에 죽으리라" 응서장군의 다짐

월향은 연광정(練光亭) 안에 독주(毒酒)와 감홍주(甘紅酒)를 준비
술병 왼쪽을 따르면 독주
오른쪽을 따르면 감홍주가 나오게 만들어
적장에게는 독주 응서장군에게는 감홍주를 권했다.

"나리와 부시"에 "사라오도리"춤을 추던 적장과 월향
누상(樓上)의 등불은 환히 밝혔는데
술에 취해 적장은 쌍검(雙劍)을 허리에 차고
의자에 앉아 코를 골며 잠을 청하고....

기회를 엿보던 응서장군 "바로 이 때다"
서슴지 않고 칼을 빼들고
"에잇! 이 원수 놈아" 적장의 목을 후려쳤다
머리가 연광정 마루 바닥에 뚝 떨어졌다.

속전(俗傳) 월향이 목에 재를 뿌렸다고 전하는데
머리는 떨어졌지만 검(劍)을 빼어던지는 적장
하나는 벽에 또 하나는 기둥에 맞고
칼날이 반쯤 꽂혔다고 관서읍지(關西邑誌)에
기록이었다고 전한다.

응서장군은 적장 머리를 허리띠에 차고
적장의 애마를 풀어
월향을 앞에 태우고 자기는 뒤에 타고
말을 달려 성 밖으로 탈출을 시도했다.

말을 몰아 성벽을 세 번이나 넘으려 했지만 실패
성안은 적병들의 아우성 소리
진퇴양난의 위급한 시각
응성장군과 월향은 목숨을 건 숨가쁜 순간......

"죽어도 같이 죽자"고 하는 응서장군!
"장군은 살아서 큰 일을 하실 분"
"죽어도 여한이 없으니 나를 죽이도록 하시오"
비정하게 마지막 남기는 말

장군은 눈물을 머금고 월향의 가슴을 찌르고
적병들의 고함소리 지척(咫尺)에서 들으며
성을 넘어 탈출에 성공 보호병을 죽이고
말을 탈취 본진(本陣)으로 돌아왔다

왜군(倭軍) 10만을 몰살시키는 것보다 더 통쾌한 공로
임응서 장군의 용맹 월향의 높은 의기로
대성공을 거두었다.
아! 장하도다.

남에는 논개(論介)! 북에는 월향(月香)!
애국의기(愛國義妓)의 쌍벽이다.

계월향에게
대동강에 낚시질하는 사람은 그대의 노래를 듣고
모란봉에 밤놀이하는 사람은 그대의 얼굴을 봅니다.
아이들은 그대의 산 이름을 외우고
시인은 그대의 죽은 그림자를 노래합니다.

— 만해 한용운 시의 한 구절

* 전기에서.

제5부

평설

■ 시집평설

과거세의 회상과 인생황혼, 그리고 구원의 노래

박진환
(문학평론가 · 시인)

1. 前提

김봉렬 시인은 詩業과 畵業을 함께 하고 있는 겸업 원로이시다. 그의 진경 산수화가 보여주는 치밀하고 섬세한 붓놀림의 화법은 신기에 가까울만큼 도의 경지를 지니고 있다.

그림에 비해 시는 다소 늦깎이로 출발한 탓인지 현대시법에서 보면 다소 거리가 없지 않으나 인생체험의 노경이 펼치는 심회와 정서적 진술은 인생연륜을 고스란히 담고 있어 원숙미를 보여주고 있다.

『유몽시절』 시집에 이어 두 번째 시집이 되는 『크리스마스 트리』는 그 제목이 암시하고 있듯이 종교적 발원과 이를 실현하고자 하는 경건함과 함께 성심으로 기구하는 기도가 있고, 기도를 통한 신앙에의 깊은 신심을 읽게 해주고 있다.

그렇다고 해서 신앙 일변도의 시만을 지향하는 신앙시만을 고집하고 있는 것은 아니다. 1부와 2부가 보여 주듯 사랑과 그리움과 미련, 그리고 이를 소중히 간직하며 추억하는 아름다운 심회의 토로가 있고, 자신의 생을 뒤돌아보며 성찰할 줄 아는 생의 원숙미를 보여주기도 한다.

일찍이 林語堂이 말했던 시인이란 마음 속으로 자기 자신을 말하고 있다는 피력을 음미해 볼 수 있게 하는 이번 시집 『크리스마스 트리』는 기실 김봉렬 시인의 신앙과 생과 노경의 심회를 진솔하게 표출하고 있다는 점에서 화자 자신을 말하고 있다는 생각을 갖게 한다.

노경의 노시인이 말하고 싶었던 자신, 그것은 과연 무엇이었을까. 돌아보면 먼 옛날이 환기시키는 사랑과 그리움과 다하지 못한 사랑에의 남아있는 미련이 환기시키는 추억일 수도 있고, 성찰을 통한 80평생을 회고하는 자아의 발견일 수도 있고, 얼마 남지 않은 생의 허무의식을 종교적 신앙에 의탁함으로서 구원이고자 하는 것일수도 있을것으로 추정해 보기는 어렵지 않다.

또 실제로 이번 시집 『크리스마스 트리』의 중심에 놓일 수 있는 시역도 이 세 분야로 집약될 수 있을 것 같고, 그래서 세 시역을 시를 제시, 구체화 했을때 김봉렬 시인의 시적 본질은 그 본태를 드러낼 것으로 여겨진다.

2. 세 시역의 조명

전제에서 밝혔듯이 김봉렬 시인의 두 번째 시집이 되는 『크리스마스 트리』는 시의 특성별로 세 시역을 설정할 수 있을 것으로 본다. 그 하나는 먼 옛을 되돌아 보면서 추억하는 사랑과 사랑이 환기시키는 그리움에 대한 순수애, 두 번째로는 80고령의 인생을 회고하면서 자아성찰을 통한 생의 의미를, 그리고 마지막으로는 앞으로 얼마남지 않는 생과 생이 떨쳐버리지 못하는 허무의식을 신앙을 빌어 극복함으로서 구원이고자 하는 종교적 발원과 기구등이 그것이다.

먼저 첫째 시역의 시편들을 제시, 구체화했을때 이해를 도울 것으로 본다.

2-1 사랑, 그리움, 추억의 회상 삼중주

시역이라고나 할까, 시적 공간이라고나 할까, 명명이야 어떻든 시집 『크리스마스 트리』가 설정하고 있는 시역은 사랑, 그리움, 추억과 같은 과거세를 회상하는 공간을 설정하고 있다. 시인은 이를 "짧은 내 생에서 사랑, 추억, 슬픔, 恨을 중심으로 심상을 적어보기로 하였다"고 「책을 열면서」에서 피력하고 있다.

과거세를 되돌아보면서 회상하고 사랑과 추억과 슬픔은 아름다울 수밖에 없고, 아름다운 만큼 슬픔일 수밖에 없다. 그것은 가버린 날들이 슬퍼서가 아니라 아름다웠기 때문이고,

다시는 이 아름다운 세월 저쪽으로 되돌아갈 수 없기 때문에 슬플 수밖에 없게 되는 이치를 성립시킨다.

아름다움과 슬픔의 不二, 그것은 슬픔과 아름다움이 따로따로가 아닌 하나로 이어져 있다는 뜻과 통한다. 그래서 지나버린 날들이 아름다울 수록 슬플 수밖에 없고 슬플수록 아름다움이 될 수밖에 없게 된다. 김봉렬 시인은 바로 이 아름다움과 슬픔을 교직, 사랑과 그리움과 추억의 삼중주로 노래하고 있다고 보여진다. 시를 제시했을때 이해를 도울 것으로 본다.

가) 눈을 감으면
그대의 해 맑은 얼굴
아련하게 떠올라
한 송이 장미화처럼
가슴에 어려 선하다

눈을 감으면
그대의 보고픈 얼굴이
아련하게 떠올라
구름속 둥근달 가듯이
가슴에 어려 선하다

나) 마을 옹달샘
지날 때면
저녁 동자로 바쁜 아낙네들 중에
낯 익은 열아홉 그녀가 보인다

빨간 입술에
똬리 끈 입에 물고
물동이 꼭지 잡은 손목

적삼도련 올라가
하얀 속살 살짝 보이는데

이마에 흐르는 물방울
손등으로 닦는다

수줍던 얼굴 붉히고 미소 짓는 첫 사랑
속눈썹 깊이 검은 눈동자 빛난다

도련님 마음 그녀가 알아주겠지...

다) 인간은 정 때문에 울고
비극에 빠진다

정에 노를 저으면
아픔과 괴로움과 슬픔도 있지만

정은 흐뭇하고 아름답고 훈훈한 것

사랑은 아쉬움
첫눈에 꽂혀

사랑은 흐름이고
달빛이고 결국은 인생

삶과 함께 완성된다

예시 가)는 「그리운 얼굴」, 나)는 「첫사랑 미소」, 다)는 「정과 사랑」의 각각 전문이다. '그리운 얼굴', '첫사랑', '정과 사랑'은 각기 그 표현은 달라도 사랑에서 발상된, 사랑을 모태로 하여 환기되는 같은 뿌리에서 태어난 여러 얼굴을 하고 있는 것이 된다. 그것은 '그리움'이 그리하고, '미소'가 그러하고, '정'이 예외없이 사랑을 모태로 하여 환기되는 여러 양태의 정서이기 때문이다.

눈감으면 떠오르는 '그대의 해맑은 얼굴'이나 '보고픈 얼굴'을 통해 읽을 수 있는 옛 사랑에의 회상, 그것은 떠오를 뿐만이 아니라 '가슴에 어려 새겨진'영상이라는 점에서 평생을 가슴에 간직했었음을 의미한다. 지고 지순한 아름다움이자 사랑의 마력이 아니겠는가. 예시 가)는 바로 이러한 회상공간에시 옛 얼굴을 이끌어 내는 추억의 산물이라고 할 수 있다.

예시 나)도 예외는 아니다. 첫사랑의 연인을 구체적 형상으로 재구성해주고 있기 때문이다. '낯 익은 열아홉'이 그러하고, '빨간 입술', '꼭지 잡은 손목', '하얀 속살', '속 눈썹 검은 눈동자'가 그러하다. 오랜 세월 속에서도 퇴색하지 않고 그날의 모습 그대로를 재구성해 내는 구상화를 통해 아무리 세월이 흘러도 가슴에 각인된 이미지는 변하지 않는 '첫 사랑의 미소'를 읽게 해주고 있다.

예시 다)는 사랑이 환기시키는 아름다움과는 달리 '인간은 정 때문에 울고 / 비극에 빠진다'는 첫 연에서 볼 수 있듯이 아름다움과 슬픔이 사랑의 다른 표현을 빌어 '정'에서 하나가 되고 있음을 보여주고 있다.

'사랑은 흐름이고 / 달빛이고 결국은 인생'이란 과거에서 현재로 이어지는 삶의 괴정으로서의 사랑과, 사랑의 과정으로 이어지는 인생으로서의 사랑의 명제는 노시인이 단순한 회상적 추억이나 사랑에 머물러 있지 않고 살아가는 현실적 삶으로 연계 내지 승화시킴으로써 아름다움과 슬픔을 동시적인 것으로 깨닫게 하는 경륜의 높이를 보여주고 있다. 이외에도 「첫 키스의 추억」, 「연분」, 「연가」 등 1부에 수록된 대부분의 시편들이 동류항을 이루고 있다.

2-2 노경의 황혼가

두 번째 시적 공간은 자아성찰이라고나 할까, 성찰을 통한 인생 해석이라고나 할까, 어떻든 노시인이 맞는 노경의 황혼가라고 할 수 있을듯 싶다. 그것은 자서격인 「책을 열면서」에서도 피력되고 있듯이 "인생의 황혼기에 서서 다 냅뱉지 못한 마음의 한구석을 피력"하고 있다고 보아지기 때문이다.

임어당이 말했듯이 "인생은 한 편의 시"일수도 있고, 한편의 시에 인생을 담아낼 수도 있는 것이 인생이기도 하다. 김봉렬 시인의 경우도 예외는 아닌 것 같다. 그것은 노경의 심회를 인생을 통해 읽고, 읽어 피력하고 있기 때문이다. 시를 제시해 본다.

가) 산골짝
반만 보이는 초가집
해는 저물고
밤나무 언덕 길에
가랑잎이 휘날린다

무심코 흐르는 개울가
이따금씩 떨어지는 알밤소리
발걸음을 재촉하는 석양(夕陽) 나그네
마을 어귀 섭다리를
건너간다

하늬바람 세차게 불어
나그네는 옷깃을 여미는데
"오늘은 어느곳에서 쉬어갈까"
기나긴 한숨 소리

나) 전생과 내세
사후의 생
죽음은 도처에서 우리를 기다린다

내 삶을 노크하는 죽음
싫어도 혼자 떠나야 하는
인생의 검은 손

공수거(空手去)는 의미가 없다
무엇인가 남기고 가야지
보람있는 우리의 삶을

엄숙한 창조의 무대
인생은 일터이고
자기표현의 무대이다

다) 막강한 권력과 영화
세계를 재패한 마케도니아 대왕
알렉산더는 임종시 유훈을 남겼다

명예(名譽) 재화(財貨) 영화(榮華)
그 어떤 것도 가져갈 수 없다고
"백성들에게 이를 깨우치게 하라"

내 관 양쪽에 두 개의 구멍을 뚫어
내 손을 밖으로 내놓아
로마시가지를 돌라고......

"빈 손으로 왔다가 빈 손으로 간다"는 깨달음
생의 마감시간은 엄숙하였다

예시 가)는 「나그네」, 나)는 「인생은 일터」, 예시 다)는 「공수거」의 전문이거니와 2부의 시편들은 대부분이 인생이 주제이거나 인생을 빌어 노경의 심회를 피력하고 있는 황혼가로 불려지고 있다.

예시 가)는 '발걸음 재촉하는 석양 나그네'니 '마을 어귀 섭다리를 건너가는' 나그네, 그리고 옷깃을 여미는 '나그네'로 나그네에 인생을 빗대이고 있다. 어쩌면 인생은 한 생을 가로질러가는 행려의 나그네가 아니던가. 인생이란 무엇인가를

의문부호 찍으면서 발자국 삼아 지나가는 과객으로서의 인생, 김봉렬 시인이 말하고자 한 '나그네'도 바로 그런 과객쯤이 아닐까. 그렇다고 주어진 길을 그냥 지나쳐 가는 나그네를 노래하고 싶었던 것은 아닌것 같다. 그것은 예시 나)에서 인생을 '일터'로 불러들이고 있기 때문이다. 예시 3, 4연에서 읽을 수 있듯이 '공수거는 의미가 없다 / 무엇인지 남기고 가야지 / 보람있는 우리의 삶을' '자기 표현의 무대'로 제시함으로써 '창조의 무대', '일터'로 죽음을 의식하지 않는 당당한 삶의 모습을 연출하고 있다.

살아 있음과 살아서 남길 수 있는 흔적으로서의 인생, 시인은 이를 시로써 '엄숙한 창조의 무대'를 빌어 연출하고 싶었고 또 그것이 바로 김봉렬 시인이었을 것으로 미루어 보기는 어렵지 않을 듯 싶다.

예시 다)에서 '빈손으로 왔다가 빈손으로 간다'는 깨달음은 외견상 생의 허무의식 같지만 그 전제엔 '명예', '재화','영화'의 부질없음을 깨달음에서 건져올린 한차원 높은 생의 해석이라는 점에서 공수래 공수거는 단순한 허무의식을 넘어서게 된다. 그리고 이러한 극기의식이나 긍정적 삶을 통한 생의 자세는 궁극적으로 종교의 세계로 자신의 삶을 승화시킴으로써 구원이고자 하기에 이른다.

2-3 하늘문을 통해 본 구원의식

시인은 자서에서 "시집을 낼 수 있게 풍성한 은혜와 기쁨을 주신 하나님께 먼저 감사를 드립니다"에서 시를 출발시켰음을 읽게 해주고 있다. 그러면서 단지 감사에 머물지 않고 이를 시로써 형상화, 자신의 시를 통해 실천함으로써 구원의 길을 열고 있음을 보여 주고 있다. 시를 구체화 했을때 이해를 도울 것으로 여겨진다.

가) 모든 것이 때가 있다
그 때는 하나님 안에 있다

인간은 그 때를 감지하며
일해야 한다

인간은 하나님의 때를
거역하거나 원망할 수 없다

오직 거기에 자신을 맞추어
살아가야 한다

나) 나는 길이요
진리요
생명이다

우리의 갈길 비춰 주시고
진리의 말씀 주시고
생명의 빛이 되셨다

생명의 말씀 바이블은

지상 최고의 말씀
인류 최대의 문장

구절구절 진리요 명구(名句)이지만
그 중 제일은 로마서*이다
영원의 별 주님의 말씀

생명의 말씀은
빛이요 용기를 주시는 진리

다) 마음의 화평을 얻으면
그것이 천당이요

마음의 화평이 깨지는 날
그것은 지옥 문이 열리는 날

(중략)

주님을 믿고 따르며
믿음과 선행으로
천국의 문을 활짝 열자

예시 가)는 「삶의 열쇠」, 예시 나)는 「생명의 말씀」, 예시 다)는 「천국의 문」 일부이다.

표현은 각기 달라도 다같이 기독교 신앙에 잇대어 있는 종교적 발원이나 기구가 발상으로 작용하고 있음을 볼 수 있다.

예시 가)에 '그 때는 하나님 안에 있다'나 '인간은 하나님의 때를 / 거역하거나 원망할 수 없다'나 '오직 거기에 자신을 맞추어 살아가야 한다' 등은 삶의 열쇠, 곧 우리의 주관자가 하나님이라는 것을 말해주고 있다. 하나님의 말씀을 좇는 일, 좇아 실천하며 실현하는 일, 실현하기 위해 기구하는 일 등은 다같이 하나님의 뜻을 좇는 신앙을 의미한다. 그리고 이 신앙을 통해 안식을 얻고, 안식속에서 살아갈 수 있는 화평과 평온, 그리고 구원에 이를 수 있는 것이 곧 하나님의 안에 있는 것이고, 그 때문에 하나님만이 안을 여는 열쇠를 지닌다고 할 수 있다.

예시 나)는 이를 좀 더 구체화 해주고 있다. 그것은 구원의 길을 열어주고, 열어 비춰주시고, 생명이 되게 하는 빛으로 여는 길을 제시해 주고 있기 때문이다. 그리고 이는 주님의 말씀이 곧 길이요, 진리요, 생명이며 구원이기 때문이다.

예시 다)는 신앙과 신앙의 실천을 통해 도달할 수 있는 천국의 문을 통해 구원에 이르게 하는 신앙의 궁극을 보여 주고 있다.

더 이상 바랄 수 있는 것이 또 있을 수 있을까. 신앙과 신앙을 통한 구원, 그것이야 말로 최고 최선의 자기 실현이 아닐까. 김봉렬 시인은 바로 이러한 지고 지선한 구원의 통로를 자신의 시로 열고 있다는 점에서 최고의 노래를 하고 있다고 보여진다.

3. 結語

이상은 김봉렬 시인의 시역을 셋으로 나누어 조명해 본 것으로서 이를 집약하면 결론이 될 것으로 여겨진다.

과거세의 회상과 황혼기의 성찰을 통해 자아를 발견하고 이를 종교를 통한 구원의 길로 열어가는 것이 시집 『크리스마스 트리』의 미학이자 김봉렬 시인이 거둔 시적 성과로 제시될 수 있을 것으로 본다.

제1시집 『유몽시절』을 읽고

김주연 선생님
시집 내용이 재미있고 욕심없는 삶의 표현이기도 하다.

김여택 선배님
그림에서 대가라고 생각하고 있었는데 시의 길에도 비범한 재능을 가지고 있었네 그려!

신영석 화백님
"하나님 너무 하십니다"에서 깊은 감명을 받았네. 화가보다는 문필가로 출발했어야 좋았을걸.

정순계 동문
그림만 그리는 줄 알았는데 시집을 발간할 정도로 능한 시인인 줄 몰랐네.

심상문 동문
전철 속에서 단숨에 읽었네. 시어가 풍부하고 생명력이 넘치는 시였네.

강예성 동문
새로운 맛이 있고 철학이 담기고 문장의 흐름이 샘물처럼 청량미가 넘치는 시였네.

정상섭 동문
정년 때 한편의 시집 출간 교단 반세기 자서전이 절품.

기잡서초등 동기
순수한 사랑 그리움 슬픔 회개 등이 마음 깊이 고여 있는 감정과 추억 등이 아낌 없이 표현되어 심금을 울리네.

•

김봉렬 시인은 광주사범학교를 졸업하고 교직에서 38년을 근무했다. 제2회 현장연구대회회화부문 금상과 국민훈장석류장을 수장했다. 개인전 2회(백상기념관, 세종문화회관), 원로작가 초대전(시립미술관), 제34회 한국미술협회전(예술의전당)을 가졌다. 현재 한국문인협회회원으로 활동하고 있는 한편 원로 화가로 시업과 화업을 겸하고 있다. 저서로는 『청봉 김봉렬 연구논문집』과 시집 『유몽시절』이 있다.

•

조선문학시인선 271

크리스마스 트리

2009년 12월 20일 인쇄
2009년 12월 25일 발행

지은이 / 김봉렬
발행인 / 박진환
펴낸곳 / 조선문학사
등록번호 / 1-2733
주소 · 110-092 서울 서대문구 홍제2동 96-4
대표전화 / 730-2255
팩스 / 723-9373
ISBN 978-89-93614-27-5

정가 10,000원